VERSCHWÖRUNGSTHEORIEN

Entdecken Sie die verborgenen Geheimnisse und die Hauptverschwörungstheorien. Zerstören Sie die Neue Weltordnung und nehmen Sie das Tausendjährige Reich mit Gewalt

Friedrich Zimmermann

Einführung

Verschwörungstheorien sind ein faszinierendes Thema, und viele Menschen informieren sich gerne darüber, ob sie nun weit hergeholt erscheinen oder nicht.

Einige mögen sich mit den Hypothesen befassen und feststellen, dass sie sie akzeptieren, während andere jede Hypothese schnell als falsch, wenn nicht gar als lächerlich abtun.

Eine "Verschwörung" wird beschrieben als "ein verborgenes Komplott einer Gruppe von Personen, um etwas Illegales oder Zerstörerisches zu erreichen", während eine Theorie, nun ja, eine Theorie ist.

Eine Verschwörungstheorie ist ein Konzept, das besagt, dass eine Gruppe von Personen im Geheimen ein destruktives oder illegales Verhalten plant.

Ursprünglich wurde der Begriff für politische, zivile oder kriminelle Verschwörungsvorwürfe verwendet, doch inzwischen ist er zu einer Randtheorie geworden, die ein historisches oder aktuelles Ereignis erklärt, das von einer Gruppe von Verschwörern durchgeführt wurde.

Manche halten Verschwörungstheoretiker für psychisch krank oder anderweitig instabil. Andere hingegen halten sie für Wahrheitssucher, für Menschen, die Dinge und Zusammenhänge sehen, die andere nicht sehen, und die sich nicht scheuen, sich gegen den etablierten Quo auszusprechen.

Das JFK-Attentat

Was ist passiert?

Präsident John F. Kennedy fuhr am 22. November 1963 in einer offenen Limousine über den Dealey Plaza in Dallas, Texas.

Er wurde zweimal angeschossen, einmal in den Schädel und einmal in den Hals.

Lee Harvey Oswald wurde des Mordes beschuldigt, und der Oberste Richter Earl Warren behauptete, Oswald habe allein gehandelt.

Warum ist das seltsam?

Das ist die Geschichte, die in den Geschichtsbüchern steht, aber Verschwörungstheoretiker denken an andere, dunklere Geschichten.

Die Anschuldigungen im Zusammenhang mit der angeblichen Vertuschung drehen sich um ein Komplott, in das die Mafia, die CIA, Vizepräsident Lyndon B. Johnson, Fidel Castro und der KGB verwickelt sind, und zwar alle oder einige von ihnen.

Es wird auch angenommen, dass Oswald den Präsidenten nicht allein tötete und dass ein anderer Schütze den zweiten Schuss abfeuerte.

Der angebliche Verschwörungsplan zur Ermordung von JFK hat so viele Aspekte wie diejenigen, die daran glauben, so dass hier der Kürze halber nur einige wenige beschrieben werden.

Einer der Kernpunkte dieser Ideen ist, dass Oswald nicht allein gehandelt hat, und dass sein Tod eine Besonderheit war.

Wenige Stunden nach der Schießerei wurde er festgenommen und am nächsten Tag angeklagt.

Am Sonntagnachmittag war Oswald tot. Er hatte Jack Ruby, einen Nachtclubbesitzer, erschossen, als er vom Stadtgefängnis ins Bezirksgefängnis verlegt wurde.

Nach seiner Ermordung begannen einige zu spekulieren, ob die Ermordung des Präsidenten Teil einer größeren Verschwörung war.

Eine weitere Komponente ist die Anzahl der abgegebenen Schüsse

Das FBI kam zu dem Schluss, dass drei Kugeln abgefeuert wurden, von denen zwei den Präsidenten trafen und eine Gouverneur Connally, der sich mit dem Präsidenten und anderen in der Limousine befand, traf und verletzte. Einige behaupten, dass ein vierter Schuss, der von einem nahe gelegenen Grashügel abgegeben wurde, für Kennedys Tod verantwortlich war. Dieses Argument wird durch die Untersuchung des Zapruder-Films gestützt, eines stummen 8-mm-Films mit einer Länge von 26,6 Sekunden. Er zeigt das, was einige für das gesamte Attentat halten, während andere behaupten, dass es eine Pause in der Aufnahme gibt, die mehr gezeigt und bewiesen haben könnte, dass es einen weiteren Schützen gab, einen weiteren Schuss abgegeben hat. Einige weitere Augenzeugen sagten, es seien mehr als drei Kugeln abgefeuert worden, darunter mehrere Reporter, von denen eine behauptete, sie habe in der Schusslinie gestanden.

Ein weiteres Element der Schießerei, das unter die Lupe genommen wurde, ist die Flugbahn der Kugel im Hinblick auf die "Ein-Schuss-Hypothese", die besagt, dass ein Schuss Kennedy tödlich getroffen hat.

Krankenschwestern und Ärzte des Krankenhauses, in das der Präsident gebracht wurde, sagten, dass Kennedys Schädel von vorne getroffen worden zu sein schien, da der hintere Teil herausgesprengt worden war.

Skeptiker argumentieren jedoch, dass die Kugel nach dem Durchschuss durch den Hals eine Kehrtwendung hätte machen müssen, um Connally dort zu treffen, wo sie einschlug, wenn sie der von der Polizei ermittelten Flugbahn gefolgt wäre.

Kritiker behaupten außerdem, dass sich die Kugel nach unten bewegte, was darauf hindeutet, dass sie von oben, aus dem Fenster im sechsten Stock des benachbarten Book Depository-Gebäudes, abgefeuert wurde.

Auch über das "Warum" der Verschwörung gibt es viele Theorien.

Einige glauben, dass der Präsident auf Anweisung seines Vizepräsidenten Lyndon B. Johnson oder von CIA-Mitarbeitern, die über die Ereignisse in der Schweinebucht verärgert waren, ermordet wurde.

Einige glauben, dass er von KGB-Agenten ermordet wurde, während andere sagen, dass er von Mafiosi ermordet wurde, die über Kennedys Bruder verärgert waren, weil dieser bei der Verfolgung von Gruppen des organisierten Verbrechens geholfen hatte.

Einige Leute glauben, dass Oswald ein CIA-Agent war oder eine Verbindung zur CIA hatte und deren Absichten bei der Ermordung Kennedys verfolgte.

Ein Ermittler des House Select Committee on Assassinations sagte, dass die Ermittler unter Druck gesetzt wurden, die wahrscheinliche Verbindung zwischen Oswald und der CIA nicht weiter zu untersuchen.

Er behauptete auch, dass in den Tagen vor dem Mord ein CIA-Agent, der mit Oswald in Kontakt stand, Verbindungen zu einer kubanischen Anti-Castro-Organisation hatte.

Das Rätsel um die Ermordung John F. Kennedys ist eine der dauerhaftesten, am weitesten verbreiteten und weitgehend akzeptierten Verschwörungstheorien in den Vereinigten Staaten.

Es gibt viele verschiedene Ansichten, Ursachen und Hypothesen dazu, und es lohnt sich, mehr darüber zu erfahren.

Bermudadreieck

Mehrere Flugzeuge und seetüchtige Boote verschwinden unter äußerst merkwürdigen Umständen irgendwo im äußersten Westen des Nordatlantiks. Die Marine der Vereinigten Staaten weigert sich, die Existenz einer solchen Region anzuerkennen, und sie ist auch nicht im United States Board of Geographic Names verzeichnet. Aufgrund dieses Widerwillens gibt es für das Bermuda-Dreieck keine klar definierte Region.

Die Lage und die Grenzen des Dreiecks können sich unterscheiden, je nachdem, welcher Autor über das Vorkommnis berichtet. Die bekanntesten und allgemein anerkannten Eckpunkte des Bermuda-Dreiecks sind Miami auf der Halbinsel Florida, San Juan auf der Insel Puerto Rico und Bermuda auf der mittelatlantischen Insel Bermuda. Spätere Autoren haben sich nicht ganz an diese Beschreibung gehalten, und die Ausdehnung des Dreiecks wird mit 500.000 bis 1.510.000 Quadratmeilen angegeben.

Bisher wurde das Dreieck für das angebliche Verschwinden von über 2000 Schiffen und 75 Flugzeugen verantwortlich gemacht, die alle spurlos von der Erde verschwunden sind.

Christoph Kolumbus lieferte 1492 den ersten dokumentierten Beweis für das anormale Verhalten des Bermudadreiecks. Er behauptete, er habe ungewöhnliche tanzende Lichter und Flammen am Himmel gesehen. An diesem Ort bemerkte er auch seltsame Kompassanzeigen.

Nachdem Kolumbus sie auf die Landkarte gesetzt hatte, schickten viele Nationen Galeonen und Schiffe, um die Neue Welt zu erkunden. Mehrere dieser Schiffe verschwanden jedoch aus ungeklärten Gründen spurlos. Obwohl die moderne Bergungstechnik Wracks aus dieser Zeit erfolgreich identifiziert hat, konnte nicht genau festgestellt werden, wie sie gesunken sind.

Die wichtigsten Vorkommnisse im Bermudadreieck

Ellen Austin mit dem Rest des Preisteams

In den Anfängen der Seefahrt konnte eine Besatzung, wenn sie den Gegner besiegte, das gegnerische Schiff übernehmen. Aus diesem Grund führten die meisten Kriegsschiffe zusätzliche Besatzungsmitglieder mit, die an Bord eines gegnerischen Schiffes stationiert wurden, wenn sie dieses besiegten. Diese zusätzlichen Besatzungsmitglieder wurden als "prize crew" bezeichnet.

Sie hatten die Aufgabe, die Beute zu erbeuten und in den Hafen zurückzubringen, wo ihnen das Schiff zugeteilt werden sollte, wenn sie sich nach einer Prüfung als würdig erwiesen. Ellen Austin entdeckte 1881 ein verlassenes Schiff, stellte eine Besatzung an Bord zusammen und plante, es nach New York zu segeln.

Das Schiff, so die Geschichte, ging verloren. Verschwörungstheorien zufolge tauchte das Schiff schließlich ohne die Besatzung wieder auf. Einige Verschwörungstheoretiker glauben, dass das Schiff mit einer anderen Besatzung an Bord wieder verschwunden ist.

Es gibt eindeutige Beweise für die Existenz einer Ellen Austin in dieser Zeit. Es wurden jedoch keine Todesfälle an Bord gemeldet, die auf das Verschwinden der Besatzung hindeuten.

Die USS Cyclops

Eines der berichteten Unglücke im Zusammenhang mit dem Bermuda-Dreieck, das eine hohe Zahl von Todesopfern forderte und die höchste Zahl von Todesopfern unter ungewöhnlichen Umständen in der Geschichte der amerikanischen Marine zur Folge hatte, ereignete sich an Bord des Kriegsschiffes USS Cyclops.

Die USS Cyclops lief am 4. März 1918 von der Insel Barbados aus. Das Schiff war bis zum Rand mit Manganerz beladen. Ein weiteres Hindernis war, dass einer der Motoren ausgefallen war. Das gesamte Schiff, die Besatzung und die Ladung verschwanden spurlos. Es gibt mehrere Erklärungsversuche für den Verlust des Schiffes.

Kentern und verdeckte Kriegseinsätze sind zwei der gängigsten Gründe. Das logischste Gegenargument zu dieser Verschwörungsidee war, dass das Schiff aufgrund eines strukturellen Defekts gesunken ist. Der Collier war nicht dafür gebaut, so viel Gewicht zu tragen. Daher ist es möglich, dass es bei stürmischen Verhältnissen kenterte.

Die Neugier war groß, denn ein so großes Schiff mit einer so sichtbaren Ladung kann nicht einfach spurlos verschwinden. Darüber hinaus hatte dieses Ereignis die meisten Todesopfer in der US-Marine zur Folge. Bei dieser Katastrophe kamen 309 Besatzungsmitglieder ums Leben.

Deering, Carroll A.
Die 1919 gebaute Carroll Deering war ein Fünfmastschoner. Am 31. Januar 1921 wurde sie bei Cape Hatteras, North Carolina, in Diamond Shoals auf Grund gesetzt und verlassen aufgefunden. Da sie des illegalen Rumhandels beschuldigt wurde, fand ihr Fall wenig Beachtung. Ein anderes Schiff, die SS Hewitt, wurde zur gleichen Zeit vermisst und steht im Verdacht, in den Fall der Carroll Deering verwickelt zu sein.

Flug Nr. 19
Fünf TBM-Torpedobomber gingen am 5. Dezember 1945 während eines Übungseinsatzes verloren. Das Geschwader hatte den Befehl erhalten, nach der Übung zum Stützpunkt zurückzukehren. Das gesamte Geschwader wurde nie wieder gesehen oder gehört. Diese Episode verstärkte den Glauben der Menschen an überirdische Ereignisse im Bermuda-Dreieck.

Die einzige Erklärung des Militärstützpunkts lautete, dass das Flugzeug möglicherweise einen Navigationsfehler gemacht habe und ihm schließlich der Treibstoff ausgegangen sei. Als eine

Such- und Rettungskampagne gestartet wurde, um sie zu finden, wurde die Frage noch strittiger. Die PBM Mainer hatte zu diesem Zeitpunkt eine Besatzung von 13 Personen an Bord. Sie hingegen ist verschwunden. Es gab Gerüchte über eine Explosion an Bord eines Tankers vor der Küste Floridas, aber es wurden keine Überlebenden gefunden.

Tiger und Ariel sind die Stars der Show.
Am 30. Januar 1948 verschwand die Star Tiger, ein Flug von den Azoren nach Bermuda. Ein Jahr später, am 17. Januar 1949, verschwand die Star Ariel auf dem Weg von den Bermudas nach Kingston, Jamaika. Beide Flugzeuge waren von British South American Airways in Auftrag gegeben worden, doch wurde später behauptet, dass diese Flugzeuge kaum flugbereit waren und dass es nicht verwunderlich gewesen wäre, wenn sie abgestürzt wären.

Die Douglas DC-3
NC16002 (ein Flugzeug vom Typ Douglas DC-3) wurde am 28. Dezember 1948 auf dem Flug von San Juan, Puerto Rico, nach Miami vermisst. Es verschwand spurlos, mit 32 Passagieren an Bord. Aus den Unterlagen ging hervor, dass das Flugzeug angewiesen wurde, zu fliegen, obwohl bei einer Untersuchung

eine schwache Batterie festgestellt worden war. Dies wurde jedoch stark angezweifelt, da der Motor des Flugzeugs nicht batteriebetrieben war. Daher ist diese Idee nicht besonders überzeugend.

Stratotanker KC-135

Eine weitere, weithin bekannte Dreieckskatastrophe betraf zwei KC-135 Stratotankflugzeuge der US Air Force. Nach der vom Dreieck inspirierten Version kollidierten beide Flugzeuge, aber zwei getrennte Absturzstellen waren 260 Kilometer voneinander entfernt. Ein Such- und Rettungsschiff besuchte jedoch die Absturzstelle und stellte fest, dass die zweite Absturzstelle eine Fälschung war. Sie war kaum mehr als ein Gewirr aus Treibholz und Algen, das sich um eine alte Boje gewickelt hatte.

IV Connemara

Die Connemara IV war eine Jacht zum Vergnügen. Im September 1955 wurde sie im Süden der Bermudas treibend entdeckt. Der Dreiecksverschwörung zufolge war die Besatzung an Bord verschwunden, und das Boot wurde unter ungeklärten Umständen treibend entdeckt. Weitere Untersuchungen ergaben, dass es sich losgerissen und seine Verankerungen auf das Meer hinausgezogen hatte.

Viele Behauptungen und Erklärungen wurden aufgestellt, um die vielen seltsamen Vorkommnisse zu erklären; einige der bekanntesten Theorien behaupten zum Beispiel, dass paranormale oder außerirdische Wesen beteiligt waren. Nach den offiziell dokumentierten Beweisen ist ein erheblicher Teil der Behauptungen über das Bermuda-Dreieck falsch oder von Autoren und Filmemachern übertrieben.

Der World Wide Fund for Nature führte 2013 eine Umfrage durch, um die gefährlichsten Schifffahrtsrouten der Welt zu ermitteln, aber das Bermuda-Dreieck war nicht dabei.

Gedanken über das Übernatürliche
Das Mysterium und die Kontroverse um das Bermuda-Dreieck waren Gegenstand mehrerer übernatürlicher Anschuldigungen. Am bekanntesten ist das Gerücht über die Existenz der verlorenen Stadt Atlantis in diesem Gebiet. Filmemacher haben auch Aspekte einer außerirdischen Beteiligung gefördert. Die Opfer des vermissten Fluges 19 wurden als von Außerirdischen entführte Personen identifiziert.

Natürliche Rechtfertigungen

- Anomalien in Magnetfeldern
- Die Oberflächenströmungen sind ziemlich stark.
- Von Menschen verursachte Fehler
- Ob das nun unberechenbar und gewalttätig ist
- Hydrate von Methan

CIA und AIDs

Sie kennen das AIDs-Virus, aber Sie sind vielleicht nicht so vertraut mit der Annahme, dass es sich nicht um ein natürlich vorkommendes Virus handelt, sondern um ein künstliches Virus, das von der CIA verbreitet wird.

Es wird weitgehend angenommen und akzeptiert, dass HIV und AIDS in Afrika als Affen- oder Schimpansenvirus entstanden sind, das auf den Menschen "übergesprungen" ist und sich dort verbreitet hat.

Andere sind jedoch der Meinung, dass das Virus erstmals 1979 in Manhattan auftrat, nur wenige Jahre bevor es 1982 in Afrika entdeckt wurde.

Einige behaupten, die CIA habe die Infektion über Hepatitis-B-Impfungen verbreitet.

Diese Impfungen wurden unter Verwendung von Blut hergestellt, das von Personen in den Vereinigten Staaten, meist homosexuellen Männern, gespendet wurde.

Die Forschung diente der Vorbeugung von Hepatitis B bei Risikopersonen, zu denen man die LGBT-Gemeinschaft zählte.

Der Impfstoff wurde aus dem Blut von Mitgliedern der homosexuellen Gemeinschaft und aus Schimpansen- oder Affenblut hergestellt und dann an Mitglieder der homosexuellen Gemeinschaft abgegeben.

Als AIDs-Tests verfügbar wurden, untersuchten Ärzte und Wissenschaftler das Blut der Studienteilnehmer und stellten fest, dass viele von ihnen mit HIV infiziert waren.

Einige glauben, dass die CIA das Virus absichtlich hergestellt hat, entweder um die homosexuelle Bevölkerung auszurotten und das wiederherzustellen, was sie als moralische Mehrheit ansah, oder um sie als Sündenböcke zu benutzen, um diese Krankheit für böswillige Zwecke anderswo zu erfinden.

Manche glauben, dass die Regierung HIV geschaffen hat, um die Bevölkerung zu verringern und damit einen Völkermord an der Bevölkerung zu begehen.

In den ersten Jahren der AIDS-Pandemie veröffentliche ein ostdeutscher Forscher ein Flugblatt, in dem er behauptete, dass Wissenschaftler in einer Militäreinrichtung in Fort Detrick, Maryland, die Krankheit durch die Kombination eines Schafsvirus namens Visna mit einem Leukämie auslösenden Retrovirus, HTLV-1, erzeugt hätten.

Manche Menschen glauben, dass das AIDs-Virus speziell für die Ausrottung der schwarzen Bevölkerung in Amerika entwickelt wurde.

Sie glauben, dass HIV von Wissenschaftlern im Cold Spring Harbor Laboratory in New York hergestellt wurde. Die Weltgesundheitsorganisation nutzte dann die Pockenausrottungskampagne, um das Virus heimlich zu übertragen.

Während viele glauben, dass der Virus absichtlich zu bösartigen Zwecken erzeugt wurde, sind andere der Meinung, dass der Mensch ihn unbeabsichtigt erzeugt hat.

1999 behauptete ein britischer Journalist, dass Hilary Koprowski, ein Arzt am Wistar Research Institute, den Ausbruch unbeabsichtigt verursacht habe, indem er Schimpansennieren zur Herstellung eines oralen Polioimpfstoffs verwendet habe.

Er glaubt, dass die Schimpansen mit SIV, dem Vorläufer von AIDS, befallen waren und dass das Virus während eines Massenimpfungsversuchs in Belgisch-Kongo die Art gewechselt hat.

Zu den Verschwörungsideen gehört die Vorstellung, dass AIDS kein Virus ist.

Manche sagen, dass die Krankheit in Afrika durch Hunger verursacht wird, während sie in Amerika durch Promiskuität und Rauschgift verursacht wird.

Einige glauben, dass AIDS eine biblische Krankheit ist, die von Gott gesandt wurde, um die LGBT-Bevölkerung und den Rest Amerikas dafür zu bestrafen, dass sie Homosexualität in der Nation zulassen.

Diese Leute glauben, dass AIDS eine "Schwulenpandemie" ist und dass es ihre Strafe für ihre Übertretungen ist.

Aids ist eine schreckliche Krankheit, die die Menschheit geprägt hat und auch heute noch Menschen schädigt, allerdings nicht in dem Ausmaß, wie sie während des Ausbruchs der Krankheit ganze Dörfer auslöschte.

Es ist logisch, dass die Menschen nach Gründen für die Gräueltaten suchen, dass sie sie einer einzelnen Person oder einer Gruppe anhängen wollen, die für solche Verbrechen verantwortlich gemacht werden kann.

Die erste Mondlandung

Seitdem der Mensch auf die Idee gekommen ist, seine Spuren auf dem Mond zu hinterlassen, werden Anstrengungen unternommen, um herauszufinden, wer der Erste sein wird, dem dies gelingt. Sowohl die Entwicklungsländer als auch die Supermächte begannen, große Geldsummen in die Förderung der Raumfahrt und der Mondlandung von Menschen zu investieren. Das Ergebnis war eine weltweite Begeisterung, die sich wie ein Krebsgeschwür ausbreitete.

Kurz nach dem Zweiten Weltkrieg etablierten sich die Sowjetunion und die Vereinigten Staaten als Supermächte, zwei Nationen, die den Lauf der Geschichte verändern sollten. Willey Ley (Befürworter der Raumfahrt, deutsch-amerikanischer Wissenschaftsautor und Wissenschaftshistoriker, der sowohl in Deutschland als auch in den Vereinigten Staaten zur Kommerzialisierung der Raumfahrt und der Naturgeschichte beitrug) schrieb 1957, dass bis zum Ende des Jahres eine Rakete gebaut werden könnte, wenn sich jemand fände, der die notwendigen Papiere unterschreibt. Diese Bemerkung erregte großes Aufsehen.

Sputnik 1 wurde von der Sowjetunion am 4. Oktober 1957 gestartet und war der erste Satellit, der die Erde umkreiste.

Der erste unbemannte Satellit in der Umlaufbahn um die Erde. Dies war der Beginn des Wettlaufs ins All. Die Vereinigten Staaten reagierten auf diese Machtdemonstration mit einem drastischen Ausbau ihrer militärischen Raumfahrtinitiativen und der Gründung einer zivilen Raumfahrtbehörde, die wir heute als NASA kennen.

Die Verschwörungstheorien lassen sich bis zu den frühen sowjetischen Mondmissionen ohne Schrauben zurückverfolgen. Anstatt jeden Startversuch im Voraus zu benennen, wiesen die Sowjets einer Luna-Mission nur dann eine Nummer zu, wenn es gelang, das Raumschiff über die Erdumlaufbahn hinauszuschicken.

Dies geschah, um die Anzahl der erfolglosen Versuche, die zu jedem erfolgreichen Start führten, vor der Öffentlichkeit zu verbergen. Wenn die Rakete die Erdumlaufbahn erreichte, aber vor dem Mond scheiterte, erhielt sie eine Sputnik- oder Kosmos-Nummer, um sie als Erdumlaufbahnmission zu tarnen und ihr eigentliches Ziel zu verschleiern. Es wurde auch sehr darauf geachtet, dass Explosionen beim Start nicht übersehen werden konnten.

Die Vorstellung, dass einige oder alle Komponenten des Apollo-Programms komplexe Fälschungen waren, die von der NASA mit Hilfe von Unterstützergruppen durchgeführt wurden, war eine der zahlreichen Verschwörungstheorien, die während des Weltraumrennens in den Mittelpunkt rückten.

Der wichtigste und eklatanteste Vorwurf lautet, dass die sechs Landungen mit Besatzung zwischen 1969 und 1972 sorgfältig inszeniert waren. Keiner der zwölf Apollo-Astronauten hat jemals den Mond betreten. Mitte der 1970er Jahre gab es viele Spekulationen darüber, dass die bemannten Landungen ein Schwindel waren.

Verschwörungstheoretiker haben die Öffentlichkeit zu der Annahme verleitet, dass die NASA und andere Institutionen über die Landung von Menschen in die Irre geführt haben. Diese Organisationen wurden beschuldigt, Beweise zu fälschen, zu zerstören und zu manipulieren, um ihren Standpunkt zu untermauern. Fotos, Funkverkehr, Fernsehübertragungen und Telemetrieaufzeichnungen waren Beweise. In einigen Anklagen wurde den Verschwörungstheoretikern sogar vorgeworfen, kritische Zeugen festgenommen zu haben.

Die Wurzeln dieser Behauptungen lassen sich bis zu Bill Kaysings Buch aus dem Jahr 1976 zurückverfolgen, "We Never Went to the Moon: Amerikas Dreißig-Milliarden-Dollar-Schwindel". Kaysing arbeitete als leitender technischer Redakteur für Rocketdyne (die Firma, die die F-1-Triebwerke für die Saturn V-Rakete herstellte), obwohl er keinerlei Erfahrung mit technischem Schreiben oder Raketentriebwerken hatte.

Sein Buch enthielt mehrere Behauptungen, von denen eine besagte, dass die Wahrscheinlichkeit einer erfolgreichen Landung mit menschlicher Besatzung kaum 0,0017 Prozent betrug. Er sagte weiter, dass es für die NASA viel einfacher gewesen wäre, die Mondlandungen zu organisieren, als trotz der ständigen Überwachung durch die UdSSR dorthin zu gelangen.

Die NASA hat diese Vorwürfe bis zu einem gewissen Grad aufgeklärt, auch wenn einige Details nach wie vor strittig sind. So sammelten die LROs (Lunar Reconnaissance Orbiters) zu Beginn des 21. Jahrhunderts hochwertige Fotos von Landemodulen und Astronautenspuren. Die entscheidende Entscheidung fiel 2012, als die NASA ein Foto veröffentlichte, auf dem zu sehen war, dass fünf der sechs Flaggen der Apollo-Missionen noch auf dem Mond stehen (Der Auspuff der Startrakete hat die Flagge von Apollo 11 umgeworfen.) Die Flagge ist immer noch da.)

Dennoch konnten Verschwörungstheoretiker die öffentliche Meinung mehr als 40 Jahre am Stück kontrollieren. Noch heute gibt es Theorien, dass die erste Landung 1969 inszeniert wurde, um das Weltraumrennen zu gewinnen.

TWA-Flug 800: Absturz oder Raketenangriff?

Was ist passiert?

Trans World Airlines Flug 800 startete am 17. Juli 1996 bei Sonnenuntergang vom JFK-Flughafen mit dem Ziel Paris, Frankreich.

An diesem Tag flogen zweihundertdreißig Menschen mit der Boeing 747131.

Nach etwa 11 Minuten befand sich der Jet in einer Höhe von etwa 13.700 Fuß über dem Meeresspiegel, also niedriger als Flugzeuge, die normalerweise in dieser Höhe fliegen.

TWA 800 hatte den Höhengewinn verzögert, damit ein anderes Flugzeug absteigen konnte.

TWA 800 befand sich 11 Minuten nach Beginn des Fluges über dem Atlantik, südlich von Long Island, New York.

TWA 800 hatte die Freigabe zum Steigflug und zur Erreichung der Reiseflughöhe erhalten, als das Unglück geschah.

Das Flugzeug schien ohne Vorwarnung zu explodieren. Kerosin wurde aus den Tanks in der Mitte und in den Flügeln ausgegossen, verdampfte in der Luft und entzündete sich dann. Die daraus resultierende Explosion sowie Teile des Flugzeugs, die ins Meer stürzten, waren auf ganz Long Island zu sehen.

Warum war das seltsam?

Einige Augenzeugen wurden kurz nach dem Vorfall im Fernsehen und Radio interviewt.

Sie berichteten, kurz vor der Detonation des Jets etwas Seltsames gesehen zu haben.

Sie sagten, dass sich etwas in der Luft auf den Jet zubewegte, ein helles Licht, das sich auf halbem Weg drehte, als es sich näherte.

Sie sagten, dass er sich sowohl horizontal als auch vertikal bewegt.

Die Tatsache, dass es von so vielen Personen am Boden aus verschiedenen Richtungen so deutlich gesehen wurde, deutete darauf hin, dass das Objekt in der Nähe des Flugzeugs sein musste und keine optische Täuschung war.

Es waren jedoch nicht nur Augenzeugen, die behaupteten, etwas Seltsames am Himmel gesehen zu haben.

Andere Piloten, die zu dieser Zeit flogen, berichteten, sie hätten kurz vor der Explosion ein helles Licht in der Nähe des Flugzeugs gesehen.

Das Flugzeug scheint abgeschossen worden zu sein.

Das FBI befragte 154 glaubwürdige Zeugen, die alle behaupteten, etwas gesehen zu haben, das wie eine Rakete aussah, die über den Himmel in Richtung des Flugzeugs flog, kurz bevor es in die Luft ging.

Bei diesen Personen handelte es sich um Schullehrer, Wissenschaftler, Unternehmensleiter und Armeeangehörige, deren Ansichten man vertrauen konnte.

Die Verwaltung schien die Menschen davon abzuhalten, sich das Wrack zu genau anzusehen.

Auch dies soll auf eine Vertuschung hindeuten.

Die Navy und das FBI verbreiteten Material, das darauf hinzudeuten schien, dass sich an Bord der TWA 800 etwas

Schädliches befand, etwas Biologisches, das für jeden tödlich sein kann.

Soldaten in Bioanzügen liefen an den Stränden von Long Island in der Nähe der Unfallstelle umher.

Offizielle Stellen gaben an, dass in dem Wrack keine explosiven Rückstände gefunden wurden, was sich jedoch im Nachhinein als falsch herausstellte, so dass die Öffentlichkeit im Unklaren gelassen wurde.

Einige dachten, es handele sich lediglich um eine fehlgeschlagene Testrakete, doch später stellte sich heraus, dass in den Wrackteilen explosive Rückstände entdeckt worden waren und dass es sich um eine echte Rakete und nicht um eine Sprengkopfattrappe handelte.

Die Erklärung der Regierung für den Absturz des Flugzeugs war, dass die Benzindämpfe im mittleren Tank des Flugzeugs unerwartet explodierten und die Nase des Flugzeugs wegsprengten.

Sie behaupten, dass das Flugzeug dann weiter aufstieg und dass es der Aufstieg des Flugzeugs war, den andere beobachteten und fälschlicherweise für eine Rakete in der Luft hielten. Sie sagen, dass das Flugzeug dann explodierte und ins Wasser stürzte. Skeptiker weisen diese Darstellung zurück.

Die offizielle Darstellung widerspricht dem, was viele Augenzeugen, etwa 200 Personen, beobachtet haben wollen.

Das würde bedeuten, dass alle, die behaupteten, etwas anderes als die Geschichte gesehen zu haben, sich irrten, dass sie ein Flugzeug, das von selbst in die Luft steigt, mit einer Rakete verwechselten, die sich auf ein Flugzeug zubewegte.

Skeptiker behaupten außerdem, dass eine 747 ohne Nase nicht lange genug in einem stabilen Flug bleiben könnte, um den von der Regierung behaupteten Steigflug zu erreichen. Befürworter der Idee behaupten dagegen, dass Berechnungen und Modellsimulationen gezeigt haben, dass dies nicht zutrifft.

Besonders zweifelhaft ist die Geschichte wegen der ungewöhnlichen Beteiligung der Marine an dem Verfahren.

Die Marine schickte ihre besten Hochsee-Bergungsboote zur Absturzstelle, sobald sich der Vorfall ereignete.

Sie übernahmen die Bergung und verdrängten die Taucher des New York Police Department, die bereits vor Ort waren und die Befugnis hatten.

Soldaten säuberten die Strände, während die Marine den Grund des Wassers in einem Gebiet von der halben Größe von Rhode Island absuchte.

Die Marine rechtfertigte ihr beträchtliches Engagement mit der Behauptung, sie könne die Flugschreiber, die oft als "Black Boxes" bezeichnet werden, nicht orten, obwohl zahlreiche private Bootsbesitzer in der Umgebung berichteten, dass ihre Sonar- und Fischfinder Pings von den Boxen empfingen.

Die Marine gab schließlich bekannt, dass sich drei U-Boote in der Region befanden, als das Flugzeug abstürzte.

Die Behörden scheinen die Öffentlichkeit davon überzeugen zu wollen, dass der Jet einfach aus dem Nichts aufgetaucht ist, aber viele Menschen bleiben skeptisch und glauben, dass er vom Himmel geschossen wurde.

Außerirdische und UFO-Landungen in Amerika

Überall im Land wird von ungewöhnlichen Lichtern am Himmel berichtet, von seltsamen Raumschiffen, die durch die Luft fliegen, und von bizarren Unfällen, von denen niemand etwas zu wissen scheint.

Diese Berichte liegen seit Jahren vor, wurden aber von der US-Regierung ignoriert.

Viele Menschen glauben jedoch, dass die Vereinigten Staaten Kontakt zu außerirdischem Leben aufgenommen haben und dass es mehrere Landungen und Abstürze auf unserem Territorium gegeben hat.

Der Fall von Roswell ist vielleicht das bekannteste Beispiel, New Mexico.

Viele Verschwörungstheoretiker sind der Meinung, dass der "Roswell-Zwischenfall" einer der eindeutigsten Beweise dafür ist, dass die Regierung der Vereinigten Staaten über den Kontakt mit außerirdischem Leben auf der Erde gelogen und diesen vertuscht hat.

Das Ereignis selbst fand etwa 75 Meilen nördlich von Roswell statt.

Nachdem ein Rancharbeiter die Trümmer gemeldet hatte, wurden sie eingesammelt.

In einer Presseerklärung hieß es, eine "fliegende Scheibe" sei während eines heftigen Sturms auf das Grundstück gefallen.

Im weiteren Verlauf der Erzählung scheint sich die Handlung zu verschieben.

Die Presse berichtete nun, dass ein Wetterballon das Unglück verursacht habe, und den Reportern wurden Wrackteile gezeigt, die Folie, Holz und Gummi enthielten, was dies zu bestätigen schien.

Laut Regierungsdokumenten stammen die auf der Ranch entdeckten Trümmer von einem Versuchsgerät, das als Projekt Mogul bekannt ist und Schallwellen aufspüren sollte, die von sowjetischen Atombomben in den höchsten Regionen der Stratosphäre ausgesandt wurden.

Viele Menschen glauben jedoch nicht an diese Geschichte.

In den folgenden Jahren erschienen zahlreiche Veröffentlichungen, in denen die Geschichte diskreditiert und behauptet wurde, dass ein außerirdisches Raumschiff auf der Ranch gelandet sei und dass die Geschichte mit dem Wetterballon eine Vertuschung sei.

Einige berichteten, dass an der Absturzstelle eine große Lücke in den Boden gerissen wurde.

Zeugen berichten, dass sie eine massive, äußerst geheime Bergungsaktion auf dem Grundstück beobachteten und von bewaffneten Militärpolizisten abgewiesen wurden.

Einer Quelle zufolge wurde eine Gruppe von Archäologiestudenten dort Zeuge der außerirdischen Trümmer und Leichen. Die Menschen glauben, dass ein außerirdisches Raumschiff auf der Ranch außerhalb von Roswell abgestürzt ist. Die Regierung holte die Überreste der Außerirdischen vom Unfallort ab, brachte sie in eine sichere Einrichtung und führte Untersuchungen durch.

Es gibt weitere Berichte über UFO-Landungen in den USA.

Gordon Cooper, ein Astronaut, behauptet, ein UFO bei der Landung auf dem Luftwaffenstützpunkt Edwards in Kalifornien beobachtet zu haben.

Der Erzählung nach gehörte er zu einer Gruppe von Elite-Testpiloten, die mit verschiedenen komplexen Projekten betraut waren.

Er behauptet, ein Videoteam habe die Installation eines präzisen Landungssystems dokumentiert, als es eine fliegende Untertasse am Himmel sah.

Sie beobachteten, wie es über ihnen schwebte und die ganze Zeit schoss, und dann sahen sie, wie es schwebte, drei Fahrwerksbeine ausfuhr und auf einem trockenen Seebett landete.

Er sagte, dass sich die Kameraleute während der Aufnahmen bis auf 30 Meter an die Kollisionsstelle herantasten konnten.

Er sagte, es sei eine "klassische Untertasse", glatt und silbern glänzend.

Außerdem sagte er, dass er einen Durchmesser von etwa 30 Fuß hat.

Er sagte, als sie sich dem UFO näherten, sei es wieder abgehoben.

Als der Vorfall der Regierung gemeldet wurde, war Cooper natürlich gezwungen, das Video zu entwickeln und es nach Washington zu schicken, wo es nun abgelehnt wird.

Diejenigen, die glauben, dass die Regierung den Kontakt mit außerirdischem Leben verheimlicht, glauben, dass sie dies tut, weil sie weiterhin die Unwahrheiten vertuschen muss, die sie während des Zweiten Weltkriegs verbreitet hat.

Cooper behauptet, dass man damals nicht wollte, dass die Öffentlichkeit von UFOs erfährt, weil man sie fälschlicherweise für eine gefährliche feindliche Technologie gehalten hätte, gegen die sich die USA nicht schützen konnten, was der Moral geschadet hätte. Stattdessen behauptet Cooper, dass sie die Anwesenheit von UFOs während des Kalten Krieges weiterhin verheimlichten. Sie mussten weiter lügen, um die früheren Unwahrheiten zu vertuschen, und können diese nun nicht mehr rückgängig machen, selbst angesichts dessen, was viele als vernichtende Beweise ansehen.

Viele Menschen in den Vereinigten Staaten glauben heute, dass wir im Laufe der Jahre mehrmals von intelligenten Spezies von außerhalb unseres Planeten besucht wurden.

Manche glauben, dass diese Besuche von Engeln kommen, um die Menschheit zu schützen.

Manche glauben, dass sie der Ursprung allen Lebens auf der Erde sind und dass wir Menschen von außerirdischen Arten abstammen.

Manche glauben, dass Außerirdische im Grunde Götter sind, die das Leben auf der Erde erschaffen haben und dann zurückkehren, um über sie zu wachen. Andere wiederum glauben, dass es sich um intelligente Lebensformen handelt, die gekommen sind, um mit uns zu interagieren und uns in den Kosmos zu bringen.

Elvis

Diese Person ist besser unter dem Namen The King bekannt als unter seinem Vornamen. Elvis Aaron Presley war der wahre Kerl unter dieser bekannten Maske. Er ist zweifelsohne der berühmteste Mann des zwanzigsten Jahrhunderts. In Tupelo, Mississippi, wurde er in eine Familie hineingeboren. Mit 13 Jahren zog er nach Memphis, Tennessee, wo er 1954 seine Musikkarriere startete. Sein Durchbruchshit "Heartbreak Hotel" katapultierte ihn in den Vereinigten Staaten zu großer Popularität.

Der König schaffte es, im Jenseits wie im wirklichen Leben einen ziemlichen Wirbel zu verursachen. Der Verschwörungsglaube, er habe seinen Tod inszeniert, ist immer noch weit verbreitet und hat heftige Debatten ausgelöst. Der König wurde am 16. August 1977 tot auf der Toilette seiner Wohnung aufgefunden.

Ein Team von Sanitätern wurde geschickt. Er wurde ins Baptist Memorial Hospital gebracht, wo man ihn nicht wiederbeleben konnte. Dreißig Minuten später verkündeten sie, dass die berühmteste Persönlichkeit des zwanzigsten Jahrhunderts gestorben war.

Die Autopsie ergab, dass ein Herzstillstand und eine Herzerkrankung die wahrscheinlichsten Ursachen für seinen Tod waren. Die Zahl der Verschwörungstheorien um Elvis' Tod nahm in den folgenden Jahren zu. Eine Diskussion konzentrierte sich auf den Streit zwischen Lebenden und Toten und zwischen inszeniertem Tod und echtem Tod. Eine andere Gruppe von Personen beschäftigte sich mit dem Tod durch einen Herzinfarkt oder eine Überdosis Drogen.

Diejenigen, die vermuten, dass sein Tod inszeniert war, stützen ihre Behauptungen auf folgende Gründe:

Auf dem Grabstein gibt es einen Schreibfehler.

Auch der König selbst soll schon gesichtet worden sein.

Eine verfallene Versicherungspolice

Angeblicher Körperersatz

Es ist notwendig, zu verschwinden.

Der Zeugenschutz kann für ein potenzielles Opfer gelten.

Obwohl für die meisten dieser Begründungen keine stichhaltigen Daten vorliegen, sticht eine besonders hervor. Die nicht in Anspruch genommene Versicherungspolice sorgte für ziemliche Aufregung.

Vor allem, als Anwälte darauf hinwiesen, dass die Einziehung der Versicherung zu Lebzeiten des Versicherungsnehmers verboten ist. Das wiederholte Versäumnis des Presley-Vermögens, das Geld einzuziehen, hat Bedenken geweckt und die Faktenlage in Zweifel gezogen.

Es gibt keine Daten, die die Behauptung stützen, Elvis habe seinen Tod vorgetäuscht. Daher ist die Diskussion selbst ungültig. Da dieses falsche Argument schon viel zu lange andauert, ist es notwendig, die Sache richtig zu stellen und das Problem korrekt zu definieren. Viele Elvis-Fans haben es satt, die Boulevardpresse scheint es satt zu haben, und die Familie Presley hat genug davon.

Holocaust-Leugnung

Von 1941 bis 1945 befahl Adolf Hitler die systematische Vernichtung von rund 6 Millionen Juden.

Er gilt als der schlimmste Völkermord der Geschichte und war Teil einer größeren Reihe von Aktivitäten, die von der nationalsozialistischen Partei Deutschlands zur Unterdrückung und Vernichtung zahlreicher politischer und ethnischer Gemeinschaften in ganz Europa durchgeführt wurden.

Man geht davon aus, dass rund 200.000 Personen an den Verbrechen beteiligt waren, die so viele Menschen das Leben kosteten.

Der Holocaust war Adolf Hitlers systematisches Bestreben, die jüdische Rasse, die er als minderwertig ansah, auszurotten.

Er hielt mehrere Gruppen für minderwertig und wollte sie alle ausrotten.

Ich war entsetzt, und die noch lebenden Überlebenden der Vernichtungslager erinnern sich an die Qualen und das Leid dort.

Ein erschreckender Anteil der Menschen glaubt jedoch nicht, dass der Holocaust überhaupt stattgefunden hat.

Diese Leute haben eine Vielzahl von Gründen für ihre Überzeugungen und auch Beweise, um sie zu untermauern.

Holocaust-Leugner behaupten, der Mythos existiere

Sie behaupten außerdem, dass die Alliierten diesen Mythos verbreitet haben, um ihre Besetzung Deutschlands im Jahr 1945 zu erklären.

Sie behaupten, es gebe eine massive Verschwörung zwischen den alliierten Mächten, dem jüdischen Volk und Israel, um den Holocaust zu ihrem Vorteil zu nutzen und die Gründung des Staates Israel zu legitimieren.

Holocaust-Leugner können über das hinausgehen, was viele als unwiderlegbaren Beweis dafür ansehen, dass der Holocaust stattgefunden hat, und behaupten, dass alles ein Betrug war.

Sie behaupten, dass die alliierten Streitkräfte Personen gefoltert haben, die ihre Beteiligung gestanden haben, und dass die Geständnisse allesamt gelogen waren, um sich vor weiterer Folter zu schützen.

Sie behaupten, dass die "wenigen" jüdischen Personen in dieser Zeit eines natürlichen Todes starben oder für Verbrechen gehängt wurden.

Einer der Gründe, warum Holocaust-Leugner behaupten, der Holocaust habe nicht stattgefunden, ist, dass die Gaskammern nicht wie vorgesehen funktioniert hätten.

Da die Kammern nicht hermetisch verschlossen waren, wäre das Gas ausgetreten und hätte die Menschen vergiftet, die es zu vergasen versuchten.

Sie behaupten auch, dass die Zahl der umgekommenen jüdischen Menschen nicht stimmen kann, da Massengräber und Stapel von Leichen nicht in der von Behörden und Historikern angegebenen Anzahl entdeckt wurden.

Sie behaupten, dass die jüdischen Menschen, die angeblich in den Lagern verhungerten, nur deshalb hungerten, weil die Alliierten die Nahrungsmittellieferungen eingestellt hatten, und dass die Deutschen nichts damit zu tun hatten.

Sie behaupten, dass die Tätowierungen der Überlebenden falsch sind und dass die Deutschen sich nicht die Mühe gemacht hätten, Häftlinge zu tätowieren, die kurz vor der Ermordung standen.

Sie behaupten, dass die Öfen zu klein waren, um Leichen in großem Umfang einzuäschern, und stattdessen für die

Einäscherung von Menschen verwendet wurden, die während des Krieges in Kriegsgefangenenlagern an ansteckenden Krankheiten starben.

Sie behaupten, die Fotos seien zu Propagandazwecken gefälscht worden.

Sie erklären das Verschwinden so vieler Juden damit, dass sie in die Vereinigten Staaten ausgewandert sind, einfach aus Deutschland geflohen sind, bevor der Krieg zu schlimm wurde, und in den Vereinigten Staaten und anderen Ländern florierende Geschäfte und Unternehmen gegründet haben.

Es scheint unmöglich zu sein, dass es den Holocaust nicht gegeben hat, doch viele Menschen glauben immer noch daran und verteidigen ihren Glauben mit Nachdruck.

Der Holocaust an den Juden war weder das erste noch das letzte Mal, dass die Ausrottung in Frage gestellt wurde.

Eine Gruppe von Personen, die für Gräueltaten verantwortlich sind, kann diese leugnen, da ihre Taten unbegreiflich und nicht zu rechtfertigen sind.

Dies war der Fall beim Völkermord der Türkei an den Armeniern während des Ersten Weltkriegs (1914-1918).

Mehrere Berichte in der New York Times und anderen Medien mit Fotos und Anekdoten darüber, wie die Türken alle Männer und Jungen massakrierten und die Frauen und Kinder in die Wüste verschleppten, wo sie starben oder an nahe gelegene Stämme verkauft wurden.

Obwohl zahllose Überlebende an die Öffentlichkeit getreten sind und ihre Aussagen gemacht haben, weigert sich die türkische Regierung, ihre Mitschuld am Massaker an fast einer Million Armeniern anzuerkennen.

Menschen können schreckliche Dinge tun, und sie müssen sich selbst deswegen belügen.

Erstaunlich ist, dass die türkische Regierung jegliche Beteiligung abstreitet und behauptet, es sei nie etwas passiert.

Es geht auch um das Geld.

Wenn die türkische Regierung ihre Beteiligung zugibt, könnte sie gezwungen sein, Reparationen zu zahlen und das Eigentum der Armenier zur Zeit des Völkermords zurückzugeben.

Chemtrails

Wenn Sie jemals an einem hellen, sonnigen Tag im Freien waren, haben Sie wahrscheinlich die Spuren gesehen, die Flugzeuge am Himmel hinterlassen.

Diese werden manchmal "Kondensstreifen" genannt, ein Kunstwort für "Kondensstreifen", und wurden als Kondensation erklärt, die von Flugzeugen in der Luft hinterlassen wird.

Viele Menschen glauben dieser Erklärung jedoch überhaupt nicht.

Sie nennen diese Spuren Chemtrails, weil sie glauben, dass Chemikalien sie erzeugen.

Sie behaupten, dass diese Stoffe je nach Hypothese zu verschiedenen Zwecken absichtlich in die Atmosphäre abgegeben werden.

Einige behaupten, dass diese Substanzen freigesetzt wurden, um die Bevölkerung zu kontrollieren, Menschen geistig zu manipulieren, das Wetter zu verändern, die Sonneneinstrahlung zu steuern oder chemische oder biologische Kriegsführung zu betreiben.

Die Menschen glauben auch, dass Chemtrails für verschiedene Gesundheitsprobleme, einschließlich Atemwegserkrankungen, verantwortlich sind.

Die Hypothese entstand 1996 mit einer Studie darüber, ob die Manipulation durch die United States Air Force.

In dem Papier ging es um Wettermanipulation, und die Luftwaffe wurde später beschuldigt, unbekannte Chemikalien über der US-Bevölkerung zu versprühen.

Die Ankläger veröffentlichten ihre Überzeugungen im Internet und in Foren, und auch ein Late-Night-Radio-DJ sprach sie an.

Die EPA, die FAA, die NASA und die NOAA haben alle zusammengearbeitet, um auf die Gerüchte im Jahr 200 zu reagieren, aber die Anhänger der Hypothese sehen darin nur einen Beweis für eine Vertuschung.

Was also sind Chemtrails?

Die Anhänger dieser Hypothese behaupten, dass Chemtrails an ihrem Aussehen und ihrer Länge von harmlosen Kondensstreifen unterschieden werden können.

Chemtrails bleiben bis zu einem halben Tag am Himmel, bevor sie sich in Zirruswolken auflösen. Weitere Anzeichen für Chemtrails sind ein sichtbares Farbspektrum in der Strömung, eine große Anzahl von Spuren in einer konzentrierten Region oder Spuren, die bleiben, nachdem sie von militärischen oder nicht gekennzeichneten Flugzeugen hinterlassen wurden, die in Höhen fliegen, in denen sie normalerweise nicht fliegen würden.

Aluminiumsalze, Barium, Thorium, Siliziumkarbid, Lithium, Polymerfasern und andere Verbindungen sollen in Chemtrails enthalten sein.

Diejenigen, die an diese Hypothese glauben, behaupten, dass Menschen von seltsamen Aktivitäten am Himmel berichtet haben.

Sie wollen beobachtet haben, dass Flugzeuge Spuren in geringerer Höhe als gewöhnlich hinterlassen haben, sowie Spuren, die parallel verlaufen, S- und X-förmig sind und sich ausbreiten, um einen dunstigen Baldachin über sich zu bilden.

Sie behaupten auch, dass sie aufgrund der Chemtrails seltsame Geschmäcker und Gerüche hatten und sogar krank wurden.

Was glauben die Theoretiker?

Menschen, die an diese Vorstellung glauben, sind der Meinung, dass Chemtrails Teil einer globalen Verschwörung sind.

Sie behaupten, dass diese Verschwörung zahlreiche Ziele verfolgt, darunter Bevölkerungskontrolle, Waffentests (Biowaffen oder die Nutzung des Wetters als Waffe) und das Erkranken von Menschen zum Nutzen von Pharmaunternehmen. Es wird auch behauptet, dass die Regierung Impfstoffe in die Luft abgibt, um die Bevölkerung ohne deren Willen zu impfen. Dies könnte einige der Behauptungen über Krankheiten erklären, die durch Chemtrails verursacht werden, da Impfungen dazu führen können, dass sich die Menschen schlecht fühlen.

Es soll unzählige Berichte, Bilder und Videos geben, die das Versprühen von Chemtrails dokumentieren und zeigen, dass diese wesentlich länger in der Luft zu verweilen scheinen als Kondensstreifen.

Viele Menschen vertreten diese Hypothese, und bestimmte Aspekte mögen seltsam erscheinen.

Manche Menschen glauben, dass Chemtrails durch die Kraft des Verlangens zerstreut werden können, dass Menschen ihren Willen und ihre Absicht auf den Himmel konzentrieren und die Spuren zwingen können, sich zu zerstreuen.

Die Menschen glauben auch an "Sylphen", elementare Wesenheiten, die teilweise in der dritten, größtenteils aber in der vierten Dimension leben.

Wer kann Luftmoleküle in Wassermoleküle umwandeln, um die durch Chemtrails verursachten Probleme zu ermitteln und zu beheben und alle in die Luft abgegebenen Giftstoffe zu sammeln?

Diese Wesenheiten sollen ätherisch sein und im Allgemeinen keine sichtbare Form annehmen, aber sie können bei der Reparatur von Chemtrails gesehen werden.

Im Internet kursieren Fotos, auf denen diese Sylphen abgebildet sein sollen.

Diana, Prinzessin von Wales

Diana ist der erste Name, der einem in den Sinn kommt, wenn man den Begriff Prinzessin hört, nach Aschenputtel und Jasmin, dem vierten Kind der aristokratischen Eltern John Spencer und Frances Ruth Roche, geboren am 1. Juli 1961. Als sie sich mit Charles verlobte, katapultierte sie sich zu weltweiter Berühmtheit, Prinz von Wales, dem Nachfolger von Königin Elisabeth der Zweiten.

Ihre weltberühmte Hochzeit fand am 29. Juli 1981 in der St. Paul's Cathedral in London statt. Prinzessin Diana war auch als Prinzessin von Wales, Herzogin von Rothesay, Herzogin von Cornwall, Baronin von Renfrew und Gräfin von Chester bekannt.

Sie leitete aktiv mehrere ausländische gemeinnützige Organisationen und leistete unglaubliche Fundraising-Arbeit. Bewunderer auf der ganzen Welt beklagten ihren tragischen Tod. Dodi Fayed und Henri Paul, die mit ihr reisten, wurden ebenfalls getötet. Fayed war der Sohn des ägyptischen Geschäftsmagnaten Al-Fayed.

Er war ein bekannter Freund und Geschäftskollege von Prinzessin Diana. Henri Paul war der amtierende Sicherheitschef des Hotels in Paris.

Die Umstände ihres Todes und die Handlungen, die dazu führten, waren für die Öffentlichkeit nicht überzeugend. Dies führte zu einer Reihe von Verschwörungstheorien über ihren Tod und darüber, ob ihr Autounfall ein Unfall war oder nicht. Der Zusammenstoß ereignete sich kurz nach Mitternacht am 31. August 1997. Einige der populärsten Hypothesen zu diesem Thema werden im Folgenden näher erläutert.

Die französische Untersuchung kam zunächst zu dem Schluss, dass die Tragödie genau das war, was sie zu sein vorgab: ein Unfall. In der Schlussfolgerung des Berichts heißt es, dass der Fahrer Henri Paul, der betrunken am Steuer saß, die Ursache war.

Eine in London durchgeführte Untersuchung kam 2008 zu dem Schluss, dass der Unfall allein durch das Verschulden des Fahrers verursacht wurde. Es wurde außerdem spekuliert, dass der Autofahrer möglicherweise rücksichtslos gefahren ist, um den verfolgenden Fotografen auszuweichen.

Eine interessante Hypothese ist, dass die Prinzessin versucht hat, ihren Tod vorzutäuschen, was aber tragisch schief ging. Das Fehlen von Dodis üblichem Fahrer fiel allen auf. Es wurde behauptet, Paul sei in letzter Minute eingesprungen, um das Auto zu fahren. Nach einer Untersuchung stellte sich heraus, dass keiner der Hotelangestellten etwas über ihn wusste. Er war als stiller, zurückgezogener Typ bekannt.

Es gibt viele Theorien, dass er in das Komplott verwickelt war und mit der Familie Al-Fayed zusammengearbeitet hat. Als es fast zwei Tage dauerte, bis seine Identität bekannt gegeben wurde, gab es Grund, misstrauisch zu sein.

Ein weiterer interessanter Punkt, der diese These untermauert, ist die Tatsache, dass Prinzessin Diana dem Schriftsteller Richard Kray erzählte, sie habe vor, ganz aus der Öffentlichkeit zu verschwinden. Leider konnte sich dieses Argument bei den radikalen Denkern nicht durchsetzen, da es undenkbar schien, dass Diana ihre Kinder im Stich lässt.

Eine andere Verschwörung behauptet, dass der MI6 Prinzessin Diana ermordet hat. Nach dieser Vorstellung hat der MI6 eine paranoide Sicht der Gefahren. Dem Bericht zufolge könnte der MI6 Prinzessin Diana als eine Bedrohung angesehen haben, die durch ihre Worte oder Taten nationale Instabilität verursachen könnte. Die mutmaßliche Beteiligung des MI6 an der

Veröffentlichung der Telefonabhörungen, die Diana in Verruf brachten, reichte fast aus, um den Fall zu erhärten.

Eine kurze Überprüfung des Hintergrunds von Leibwächter Trevor Rees-Jones ergibt, dass er früher Mitglied des berüchtigten Fallschirmjägerregiments war, einer der härtesten Einheiten der britischen Armee. Außerdem war er zweimal in Nordirland und gehörte der Königlichen Militärpolizei an, was ihn in Kontakt mit den Mitarbeitern des Geheimdienstes gebracht haben dürfte.

Die Tatsache, dass er das Ereignis überlebt hat, veranlasst die Forscher zu der Schlussfolgerung, dass er in das ganze Komplott des MI6 verwickelt war. Diese Hypothese ist für einen rationalen Verstand nicht nachvollziehbar, vor allem, weil ihre Beweggründe nicht vielversprechend sind.

Eine vernünftige Idee, die den ganzen Vorfall erklärt, ist, dass das wahre Ziel nicht Prinzessin Diana war. Die gängigen Vermutungen ließen die Möglichkeit außer Acht, dass das wahre Ziel der Sohn des Milliardärs Fayed war. Als sehr reicher Mann mit einer Vorgeschichte von ruchlosen Aktivitäten ist es nur natürlich, dass er sich einige Feinde gemacht hat.

Diese Strategie könnte darauf abzielen, Dodi Fayed zu ermorden und Diana als Ablenkungsmanöver zu benutzen, um die

Aufmerksamkeit von dem eigentlichen Ziel abzulenken. Oder Prinzessin Diana könnte ein Kollateralschaden gewesen sein, weil sie zum falschen Zeitpunkt am falschen Ort war. Dieser Gedanke hat sich nie durchgesetzt, weil nur wenige Menschen glaubten, dass ein Attentäter eine so berühmte Person wie Diana zur Tarnung einsetzen würde, obwohl klar war, dass jeder Unfall, an dem sie beteiligt war, gründlich untersucht werden würde.

Der Besitzer des Pariser Ritz, Mohammed Al-Fayed, erklärte öffentlich, dass es sich nicht um einen Unfall gehandelt habe, und gab offen dem MI6 und dem Herzog von Edinburgh die Schuld. Trotzdem zog er die Anklage nach der letzten Anhörung im Jahr 2008 zurück.

Hat Shakespeare existiert?

Sein oder nicht sein?

Das scheint die Frage zu sein, wenn es um William Shakespeare geht.

Er ist wohl der bekannteste Dramatiker unserer Zeit, doch andere behaupten, er habe nicht existiert oder zumindest nicht alle Werke geschrieben, die ihm zugeschrieben werden.

Zweifel an der Identität Shakespeares kamen ursprünglich im späten neunzehnten Jahrhundert auf, doch hat die Hypothese in der Folgezeit an Boden gewonnen.

Der ehemalige Kreativdirektor des Globe-Theaters in London, einer zeitgenössischen Kopie von Shakespeares ursprünglichem Theater, das Theaterstücke aufführt, hat zusammen mit einem Shakespeare-Schauspieler eine "Erklärung über begründete Fragen" abgegeben. Sie legen nahe, dass es Gründe für Zweifel an Shakespeares Identität gibt.

Zu den Personen, die sich mit der Legitimität dieser Arbeit befasst oder sie unterzeichnet haben, gehören ein ehemaliger Kunstredakteur der LA Times, ein Englischprofessor an der

Washington State University und ein Professor für Sozialtheorie an der Rutgers University.

Die Theoretiker sind der Meinung, dass es eine Fülle von Beweisen für ihre Behauptungen gibt, und was die Sache noch komplizierter macht, ist, dass William Shakespeare dafür bekannt war, kaum Spuren seines Lebens zu hinterlassen.

Er hat praktisch keines seiner Werke signiert, und die, die er signiert hat, enthalten Autogramme, die so schlecht und unleserlich sind, dass sie nur schwer als seine zu identifizieren sind.

Man hat keine Briefe, Gedichte oder Theaterstücke entdeckt, die von Shakespeares Hand geschrieben wurden. In seinem Testament werden keine Theaterstücke, Bücher oder andere Dinge erwähnt, die darauf hindeuten, dass der als William Shakespeare bekannte, kahlköpfige Geschäftsmann aus Stratford ein Schriftsteller war.

Über William Shakespeare ist biographisch nicht viel bekannt.

Die Grundlagen sind, dass er in Stratford-Upon-Avon, einer Marktstadt etwa 100 Meilen nordwestlich von London, geboren, aufgewachsen und gestorben ist.

Stratford war bekannt für seine Schafschlachtung, die Vermarktung, den Wollhandel und die Gerberei.

Sein Vater arbeitete als Handschuhmacher, während seine Mutter dem örtlichen Adel angehörte.

Beide schrieben ihre Namen mit Markierungen und nicht mit Unterschriften, was auf Analphabetismus schließen lässt, und es gibt keinen Hinweis darauf, dass eine von Shakespeares Töchtern des Lesens und Schreibens mächtig war.

Diejenigen, die glauben, dass Shakespeare seine Werke nicht geschrieben hat, argumentieren, dass seine Erziehung nicht mit der Art von Mensch vereinbar war, die das schreiben würde, was er geschrieben haben soll.

Es wird angenommen, dass der Autor solcher Schriften Kenntnisse über die höfische Kultur und Politik sowie über die beim Adel beliebten Sportarten wie Rasenbowling, Falknerei und Tennis hatte. Nach Ansicht der Befürworter dieser Ansicht war es unwahrscheinlich, dass der Sohn des Handschuhs mit diesen Dingen Erfahrung hatte.

Die meisten Hypothesen, die so genannten Anti-Stratfordianer, gehen davon aus, dass William Shakespeare eine Fassade oder ein Pseudonym war, um den oder die tatsächlichen Autoren zu verschleiern. Sie konnten oder wollten, aus welchen Gründen auch immer, keine Anerkennung für ihre Arbeit akzeptieren.

Es gibt zahlreiche Personen, von denen Anti-Stratfordianer behaupten, dass sie Shakespeares Werk verfasst haben, und hier sind einige von ihnen.

Christopher Marlowe

Christopher Marlowe, ein weiterer Dramatiker, schrieb etwa zur gleichen Zeit wie Shakespeare.

Befürworter behaupten, Christopher Marlowe sei nicht bei einem Handgemenge Ende Mai 1593 gestorben, sondern der Bericht sei erfunden worden, um Marlowe vor einer Inhaftierung wegen seines Atheismus zu bewahren.

Die Anhänger dieser Hypothese, die als Marlovits bekannt sind, glauben, dass Shakespeare als Autor der von Marlow geschriebenen Werke identifiziert wurde, um zu verbergen, dass Marlow noch lebte.

Edward de Vere

Dieser mächtige Mann, der Earl of Oxford und Lord Great Chamberlain von England, war auch ein Hofdichter.

Es wird vermutet, dass Edward de Vere, der einen besseren intellektuellen Hintergrund als Shakespeare und mehr Erfahrung bei Hofe und in der Poesie hatte, der eigentliche Schöpfer von Shakespeares Werken gewesen sein könnte.

Shakespeares Werke scheinen von einem geschliffenen Höfling geschrieben worden zu sein, der die Intrigen an einem königlichen Hof gut im Griff hatte, und diejenigen, die glauben, dass Shakespeare seine Werke nicht selbst geschaffen hat, argumentieren, dass er über das nötige Fachwissen verfügte, um Werke mit einer solchen Atmosphäre zu verfassen.

Sie behaupten auch, dass es in mehreren Stücken von Shakespeare Anspielungen auf Ereignisse aus dem Leben von de Vere und auf Codes in seinen Werken gibt, was darauf hindeutet, dass de Vere der wahre Autor war.

William Stanley

Eine weitere prominente Persönlichkeit und ein weiterer Graf, William Stanley, kommt aus zahlreichen Gründen in Frage, von denen einer sehr einfach erscheinen mag: seine Initialen. Stanley war der sechste Graf von Derby, was bedeutete, dass er sehr gebildet war und sich mit den Feinheiten des Hoflebens auskannte. Außerdem hatte er eine eigene Theatergruppe und war daher mit Theaterstücken vertraut. Ein weiterer wichtiger Punkt ist, dass er dafür bekannt war, sich selbst Will zu nennen und Dinge mit diesem Namen zu unterschreiben, etwas, das auch William Shakespeare zu tun pflegte.

Während sich praktisch alle einig sind, dass die William Shakespeare zugeschriebenen Werke brillante Kunstwerke sind, sind einige Personen nicht der Meinung, dass William Shakespeare sie geschrieben hat.

Schlussfolgerung

Danke, dass Sie bis zum Ende dieses Buches durchgehalten haben; wir hoffen, es war lehrreich.

Ich hoffe, dass Sie nach der Lektüre dieses Buches einige neue Informationen gewonnen haben und den Wunsch verspüren, mehr zu lernen.

Vielleicht glauben Sie nichts von den Ideen, von denen Sie gehört haben, aber vielleicht ist etwas dran, und wenn das der Fall ist, lade ich Sie ein, weitere Nachforschungen anzustellen und sich selbst davon zu überzeugen.

Wer weiß?

Die Wahrheit mag da draußen sein.

www.ingramcontent.com/pod-product-compliance
Lightning Source LLC
Chambersburg PA
CBHW070035040426
42333CB00040B/1683